RÉFUTATION

DES FAITS

FAUSSEMENT présentés dans la Requête contenant les prétendus moyens de nullité proposés par Madame de Saint-Vincent.

POUR M. le MARÉCHAL-DUC DE RICHELIEU, Pair de France.

CONTRE Madame DE SAINT-VINCENT.

AVERTISSEMENT.

M. le Maréchal de Richelieu a répondu séparément aux prétendus moyens de nullités, qui font l'objet principal de la Requête volumineuse présentée au Parlement par Madame la Présidente de Saint-Vincent : il croit pouvoir se flatter d'avoir porté la conviction dans les esprits sur la validité de la procédure faite au Châtelet. Cet objet étoit le plus pressant, étant le seul qui fixe dans le moment l'attention de la Cour, & sur lequel elle soit dans le cas de statuer préalablement. La marche de l'instruction donnant le tems à M. le Maréchal de répondre au préambule de cette Requête, il a cru nécessaire d'en profiter pour rétablir les faits que les Défenseurs de Madame de Saint-Vincent ont jugé à propos d'altérer & de dénaturer, & détruire ceux qu'ils ont absolument hasardés.

Plus M. le Maréchal a de confiance dans ses Juges, plus il se croit obligé d'éclairer leur religion, persuadé qu'ils n'ont rien tant à cœur que d'être préservés des pieges qu'on peut leur tendre.

Ayant l'avantage de trouver dans les pieces du Procès la démonstration de tout ce qu'il a avancé pour établir la légitimité de son accusation, il ne craint pas de retracer succinctement ses moyens à côté du texte même de la défense de Madame de Saint-Vincent. Cette impression, à mi-marge, soulagera l'attention des Juges, en réunissant la Cause sous un même point de vue.

REQUÊTE PRÉSENTÉE PAR MADAME DE SAINT-VINCENT AU PARLEMENT,

AVEC LES RÉPONSES DE M. LE MARÉCHAL-DUC DE RICHELIEU.

SUPPLIE humblement, JULIE DE VILLENEUVE DE VENCE, épouſe de M. DE FAURIS DE SAINT-VINCENT, Préſident à Mortier au Parlement d'Aix :

DISANT qu'elle demande la nullité des procédures tyranniques & redoublées, que les Gens d'affaires de M. le Maréchal de Richelieu ont ourdies contre elle, & huit perſonnes domiciliées que l'on ſuppoſe ſes complices de la fabrication de trente-une pieces arguées de faux.

Req. de Mad^e de S. V.	*Réponses.*
Si l'ancienne Maison de Villeneuve est honorée des plus hautes alliances, d'autres le sont de lui appartenir. Ce seroit une entreprise téméraire, de tenter de la flétrir par l'abus d'un crédit passager, & la surprise d'une	C'est le crime qui imprime la flétrissure, & le crime est personnel au coupable. Sa qualité ne peut lui servir d'égide contre la Loi, qui ne respecte que l'innocence & la vertu.

autorité qui viole tout-à-la-fois les Loix de l'Etat, le droit des gens & la sûreté publique.

Les poursuites criminelles de M. le Maréchal de Richelieu ne sont pas nouvelles en France.

Un systême, qui devient familier, & fait frissonner tous les Sujets du Roi, leur annonce, que pour les vaincre sans combats, il ne faut qu'enchaîner ceux que l'on veut accabler, les mettre dans	Ce début emphatique n'est qu'une vaine déclamation, & sera réduit à sa juste valeur par les réponses qui seront faites en marge de chaque article.

l'impuissance physique de se défendre, leur enlever par des voies illégales, les preuves littérales de leur innocence ; rendre criminels ceux qui ont le courage de dévoiler la vérité, acheter des témoignages contraires, à tout prix, flatter les uns, intimider les autres.

Cette exposition fidelle n'a rien d'exagéré : elle

va se développer par la conduite qu'a tenue M. le Maréchal de Richelieu, en ravissant la Suppliante à sa famille, la faisant voyager de Province en Province, & la conduisant à Paris comme une victime, pour l'immoler à ses passions.

C'est une trahison cruelle, de l'avoir attirée sous l'appât de l'amitié & des liens du sang, aux bords d'un précipice creusé par les mains mêmes qui devroient l'en retirer, si quelque désespoir l'y eût précipitée.

F A I T S.

La Suppliante tient le jour du Baron de Villeneuve, & de Dame Magdeleine-Sophie de Simiane de Vence.

M. le Président de S. Vincent l'épousa en 1750. Il existe de leur mariage deux enfans. Elle convient que *son caractere vif & enjoué* ne s'accordoit pas avec celui de *gravité*, de *douceur* & de *délicatesse*, qui mérite à M. de Saint-Vincent l'estime & la vénération publiques.

Ce Magistrat ayant con-

M. Le Maréchal n'a point d'intérêt à chercher le véritable sujet des chagrins domestiques, dont M. le Président de Saint-Vincent se plaignit à la famille de Madame de S. Vincent. Mais à qui persuadera-t-on qu'un Magistrat réellement doué des vertus qui devoient lui assurer la tendresse de sa femme, autant que l'es-

Requête.	*Réponses.*
fié ses chagrins domestiques, aux parents de la Suppliante, qui en étoient les Juges naturels, ils crurent nécessaire qu'elle se retirât dans un Couvent, & firent choix de celui de Millau en Rouergue. Elle n'avoit point à ré-	time & la vénération publique dont il jouit, ait exigé une séparation, la clôture de sa femme & un Ordre du Roi contre elle, sur le seul fondement de *son caractere vif & enjoué ?*

clamer contre un Arrêt aussi impartial, rendu dans une assemblée de famille présidée par son pere, elle obéit : son mari lui faisoit une pension de 2000 livres.

Il y avoit trois années qu'elle étoit dans sa retraite, lorsqu'on lui fit les plus vives instances de demander à M. le Maréchal un emploi pour le frere d'une Religieuse : n'ayant vu qu'une seule fois M. le Maréchal chez son pere, elle se sentit embarrassée de cette commission ; mais son penchant à obliger des Religieuses avec lesquelles elle vivoit, lui fit surmonter sa timidité & sa répugnance.

M. le Maréchal *conservoit l'image du premier coup d'œil qu'il avoit porté sur la Suppliante qui ne s'en doutoit pas.* Elle reçut sa réponse dans les termes les plus affectueux. La grace	Madame de Saint-Vincent avoit raison de ne pas se douter de la chimere qu'elle imagine. Elle affecte aussi de douter qu'on puisse obliger pour le seul plaisir de le faire. Sa

Requête.	*Réponses.*
ſut accordée ; elle en fit ſes remercîmens. De ce fatal moment, M. le Maréchal prit l'habitude de lui écrire une fois par ſemaine ; elle lui répondoit	propre conſcience éclaircit ſes doutes à cet égard, & c'eſt ce Juge ſévere & terrible que M. le Maréchal lui oppoſe.

par politeſſe avec tous les égards dus à ſa dignité, ſans ſoupçonner qu'à ſon âge il eût d'autres vues que celles de l'honnêteté.

Deux années s'écoulerent dans une correſpondance aſſez indifférente. M. le Maréchal ſe laſſant du ton ſérieux, écrivit à la Suppliante, * qu'étant *ſa chere couſine*, il vouloit un ſtyle plus tendre & moins reſpectueux ; il lui offrit ſa protection, ſon crédit & ſa fortune. Ses lettres ne parloient plus que des ſervices qu'il brûloit de lui rendre, & pour l'en convaincre, il lui adreſſa un mandement de 3000 liv. ſur le ſieur Bergeret, afin de ſuppléer à la penſion de ſon mari, qu'il trouvoit trop modique.	Il y a ici un anachroniſme. Dans ſon premier interrogatoire, article 4, Mad. de S. Vincent n'a placé ces expreſſions tendres & ce changement de ſtyle qu'au bout de ſeize ans de ſa correſpondance de Millau avec M. le Maréchal. L'époque du petit ſecours des 3000 liv. qu'il lui fit toucher, eſt également reculée. Ce ne fut qu'en 1770, lors de ſa ſortie de Millau, que M. le Maréchal le lui fit paſſer, pour qu'elle ſortît avec honneur de cette Ville, en acquittant les dettes dont elle lui avoit fait l'aveu.

* En 1759.

La Suppliante n'attribua cette générosité qu'à la grandeur d'ame & l'humeur bienfaisante d'un parent qu'elle regardoit comme son aïeul; elle ne douta plus qu'elle alloit vivre avec aisance dans son Monastere, & que chaque année elle recevroit de pareilles étrennes : mais ce furent les colonnes d'Hercules.

Les lettres de M. le Maréchal devirent plus pressantes; il plaignoit *sa chere cousine* d'être renfermée sous des grilles. La sage précaution de ses parents n'étoit à son langage romanesque, qu'une barbare captivité dont, nouvel Achille, il alloit la délivrer; lui assurant d'avance sa liberté, il lui laissoit le choix de sa résidence dans les Villes de Tours & de Poitiers, qui étoient sur son passage, quand il va ou revient de son Gouvernement, lui protestant qu'elle y vivroit en femme de qualité.

M. le Maréchal n'a point eu la précaution de garder les lettres de Madame de Saint-Vincent, par lesquelles elle réclamoit son secours contre *la sage précaution* de ses parens, qu'elle appelloit alors oppression & barbarie. Il n'a jamais dû prévoir qu'elles lui fussent nécessaires : mais sa froideur pendant seize ans sur la captivité de Madame de Saint-Vincent, détenue à soixante lieues de lui, dans un pays perdu, où il n'a jamais mis le pied, doit faire apprécier le ridicule des allégations de cette Dame.

On

Requête.	*Réponses.*
La Suppliante n'a point dissimulé dans ses interrogatoires, que des promesses si flatteuses *lui tournerent la tête.* Deux obstacles se présentoient. De-	On vient d'établir la transposition des dates. C'est la seule réponse due à l'absurdité de cette fable.

puis l'envoi de mille écus, en 1759, il s'étoit écoulé bien des années; la bourse si vantée de M. le Maréchal étoit stérile; elle en augura que ses offres de lui prodiguer ses biens ne seroient réalisées que lorsqu'elle ne seroit plus à Millau Elle y avoit contracté des dettes sur la foi de ses belles promesses.

Le second, *sa famille avoit obtenu un ordre du Roi, portant défenses à la Supérieure de la laisser sortir de son Monastere, sans le consentement par écrit de son mari.*

Elle instruisit M. le Maréchal de ces difficultés: il applanit celle des dettes, non pas en les payant, mais en écrivant au sieur Desangles, Prévôt-Général de la Maréchaussée de Rouergue, qui en exécutant les ordres de son Supérieur avec autant d'empressement que de zele, prit des engagemens per-	Madame de Saint-Vincent n'avoit avoué à M. le Maréchal que mille écus de dettes, pour le paiement desquelles il lui avoit envoyé la rescription dont il a été question plus haut. Madame de Saint-Vincent, enhardie par ses premieres bontés, voulut lui en faire payer pour 7000 liv. en sus; ce

Requête.	*Réponses.*
ſonnels avec tous les Créanciers. On va croire qu'au moins M. le Maréc. en a fourni les fonds; point du tout, ſon Commiſſionnaire a été rigoureuſement pourſuivi, condamné, ſes meubles exécutés & vendus, ſans que M. le Marechal l'ait aidé d'une obole : la Suppliante, pénétrée de douleur, a fait quelques nouveaux emprunts pour venir à ſon ſecours.	qu'il ne jugea pas à propos de faire. Ce premier refus détermine le degré d'intérêt que M. le Maréchal prenoit à Madame de Saint-Vincent. il n'a point donné d'ordre au ſieur Deſangles de payer ſes dettes; & ne s'eſt jamais chargé de tenir les arrangemens qu'il a pu prendre pour Madame de Saint-Vincent, par égard perſonnel pour elle, ou pour ſa famille.
La révocation de l'ordre du Roi qui retenoit la Suppliante à Millau, ne coûta à M. le Maréchal que la peine de la demander à un ami. Ils convinrent enſemble *, à l'inſçu de ſa famille, qu'elle ſe rendoit à Poitiers au Couvent de Sainte-Catherine, dont M. le Maréchal avoit fait choix, pour la facilité	Il eſt de toute fauſſeté que l'ordre du Roi ait été révoqué ſans que la famille de Madame de Saint-Vincent en ait été inſtruite. Par les réponſes précédentes, la mauvaiſe foi de cet exposé eſt bien caractériſée. L'âge & la longue captivité de M. de Saint-Vincent avoient inſpiré à M.

* En 1770.

Requête.

des entrées ; il chargea le ſieur Auvray, Sécretaire de l'Intendance, d'y faire rétablir un appartement, & de le meubler.

Tout étant diſpoſé pour y recevoir la Suppliante, elle ne put ſe réſoudre à partir ſans en avoir demandé la permiſſion à ſon mari. Cette nouvelle jetta l'alarme dans toute la famille, qui s'en plaignit amérement : le Vicomte de Caſtellane fut prié d'arrêter ce coup d'éclat ; s'étant rencontré avec M. le Maréchal, il y eut entre ces deux Seigneurs, une diſpute que le Lieutenant-Criminel a rendue en ces termes :

Réponſes.

le Maréchal une commiſération dont il ne ſoupçonnoit point le danger. Les lettres du pere de Madame de Saint-Vincent, qui ſont au Procès, prouvent combien elle deſiroit ſa ſortie de Millau. M. le Maréchal qui, en cédant aux inſtances de Madame de Saint-Vincent, avoit rempli tous les égards dus à ſon pere & à ſon mari, ne devoit point être arrêté par les oppoſitions de M. de Caſtellanne, Allié de Madame de Saint-Vincent, ſur laquelle il n'avoit aucun droit.

« Lui obſervons que...... loin qu'elle ait fait quel-
» que choſe pour M. de Richelieu, *c'eſt lui qui eſt*
» *venu à ſon ſecours*, en lui faiſant paſſer, 1°. une
» ſomme de 3000 livres en argent. * 2°. En enga-
» geant le ſieur Deſangles ** à lui prêter de quoi
» payer ſes dettes. 3°. En employant tout ſon cré-
» dit pour faire lever la Lettre de cachet qui la dé-

* *En* 1759, (*fauſſe date imaginée par Madame de Saint-Vincent*).

** *En* 1770.

Requête. *Réponses.*

» tenoit, *s'exposant même pour elle à des prises assez*
» *vives qu'il a eues avec ses parens, entr'autres avec*
M. de Castellanne ».

Il est donc vrai, du propre aveu de M. la Maréchal (qui avoit fourni ses mémoires * pour interroger la Suppliante, comme le Lieutenant-Criminel le déclare) que c'est lui qui s'est armé contre une famille entiere, illustre & respectable, pour arracher de son sein, & d'un asyle sacré, le dépôt inviolable que sa sagesse lui avoit confié : *Habemus confitentem reum.*

Tout ceci est expliqué par ce qui précede.

* *Nota.* L'interpellation du Lieutenant Criminel n'est qu'une conséquence & le résumé de l'histoire faite par Madame de Saint-Vincent au commencement de son premier in errogatoire.

Quelque éloquente que soit la voix de la nature, elle ne put l'emporter sur la volonté impérieuse de M. le Maréchal. Son ami qui se rendit Juge, décida en sa faveur : il en écrivit des lettres mortifiantes aux parens, dont les cris redoublerent. Ayant pour eux la volonté éclairée du Roi, *ses ordres non surpris, fondés sur les bonnes mœurs*, l'équité, le droit du sang, il leur fallut plier sous le poids du crédit & de l'autorité privée ; la seule composition qu'ils purent ob

La nature avoit donc été bien outragée pour n'être pas satisfaite par une captivité de 16 années dont la Prisonniere & son Protecteur se bornoient à demander le changement de destination ! Toujours avec l'autorité du Roi & la même lettre de cache ui la suivit à Poitiers.

nir fut que la Suppliante seroit transférée à Tarbes, qui n'étoit ni dans le voisinage ni sur la route de M. le Maréchal : elle y arriva à la fin de 1770, *après seize ans d'une résidence tranquille à Millau.*

L'époque de cette translation est celle qui fut funeste à la Magistrature. M. le Président de Saint-Vincent, exilé au village de Saint-Marcel, lieu mal sain & inhabitable, ne se plaignoit point de son sort. M. le Maréchal de Richelieu, se persuadant qu'il profiteroit de ces tristes circonstances pour venir à bout de ses desseins, feignit de prendre un intérêt sensible à la conservation d'un parent dont la vie étoit en danger. Il obtint le changement d'exil qu'il demandoit ; mais M. le Président de Saint-Vincent repoussa loin de lui ce dangereux présent, *& timeo Danaos vel dona ferentes.*

L'indignation du Lecteur répondra pour M. le Maréchal à un artifice aussi bas & aussi méprisable. Il ne craint point de prendre M. le Président de Saint-Vincent à témoin de la fausseté qui regne dans tout ce récit.

Cette petite industrie n'ayant pas réussi, M. le Maréchal ne garda plus de décence ni de mesure, il commit le rapt le plus formel ; *s'il n'étoit que de séduction relativement à*

Une lettre de M. le Maréchal, déposée par Madame de S. Vincent elle-même au Greffe du Châtelet, & imprimée ensuite du premier Mémoire de M. le Maréchal,

Requête.

la Suppliante, il fut manifeſtement de violence à l'égard de ſes parens & de ſon mari, ſous la puiſſance duquel elle a paſſé en ſortant de celle de ſon pere.

Il n'y avoit que trois mois qu'elle étoit à Tarbes, lorſque M. le Maréchal l'en fit ſortir de ſon autorité. En paſſant à Bordeaux elle fut logée au Gouvernement; elle en partit pour ſe rendre à Poitiers, où la femme du ſieur Auvray ſon Agent la vint recevoir à la deſcente de la voiture, & la conduiſit à l'appartement qu'il lui avoit fait préparer quatre mois auparavant.

Dès le lendemain une troupe d'Ouvriers & de

Réponſes.

détruit cette calomnie. On y voit quels égards & quelles meſures il a employés vis-à-vis de la famille de Madame de Saint-Vincent pour lui procurer cette ſeconde tranſlation; il ne s'y eſt déterminé que ſur l'avis de M. l'Evêque de Tarbes qui ne trouva point dans ſa ville de Couvent convenable à Madame de Saint-Vincent.

M. le Maréchal étoit à Paris quand cette Dame paſſa à Bordeaux: elle deſcendit au Gouvernement où elle n'étoit point attendue. Les perſonnes attachées à M. le Maréchal qui réſidoient au Gouvernement l'y reçurent par pure honnêteté, ſans en avoir reçu l'ordre de M. le Maréchal.

Ce récit prouve bien que ſi M. le Maréchal,

Requête.	*Reponses.*
Marchands vinrent lui notifier qu'ils l'attendoient avec grande impatience, pour leur payer, les uns des salaires, les autres le prix des meubles, selon le marché qu'ils avoient fait avec le sieur Auvray, qui ne reparut plus.	pressé par les instances de Madame de S. Vincent, vouloit bien l'aider de ses bons offices, il ne s'attendoit point à être obligé de rien faire de plus. Il respectoit trop la façon de penser de la famille de cette Dame, pour choquer sa délicatesse d'une maniere aussi sensible. La famille ayant consenti à cette translation, il étoit tout naturel quelle satisfit aux dépenses qu'elle occasionnoit.
Dans le trouble de son étonnement, elle ne pouvoit que répondre qu'elle ne les connoissoit pas; que n'ayant point contracté avec eux, n'étant arrivée que du jour précédent, *elle ne pouvoit*	

être leur débitrice; elle les renvoyoit au sieur Auvray, qui, étant l'Agent de M. le Maréchal, avoit sans doute des ordres de les satisfaire, comme il en avoit eu de les employer.

Ces gens grossiers en vinrent aux insultes, ils vouloient chasser la Suppliante de son appartement, d'autres la menaçoient de la poursuivre en Justice; elle écrivit à M. le Maréchal ces sinistres préludes de sa déférence à ses volontés; il l'amusa par une réponse, en lui marquant qu'il seroit incessamment à Poitiers; elle s'en servit pour tranquilliser ceux qui la tourmentoient, en leur faisant espérer qu'ils seroient bientôt payés.

M. le Maréchal partit *au bout d'un mois* pour son Gouvernement. En arrivant à Poitiers il dépêcha un Exprès pour avertir la Suppliante, qu'il seroit chez elle le lendemain à neuf heures du matin; il y resta jusqu'à l'après-midi, & dans cette premiere visite il épuisa le langage dont il s'est fait une étude particuliere : jamais Seigneur ne fut plus grand & plus magnifique en promesses; mais de la montagne de ses libéralités, *nascitur ridiculus mus;* il ne sortit qu'une très-petite tabatiere d'or. Il partit pour Bordeaux sans songer aux Ouvriers & aux Marchands qui excéderent la Suppliante de leurs clameurs.

Madame de S. Vincent est arrivée à Poitiers vers la fin de Mars 1771; M. le Maréchal n'y est passé qu'au mois de Septembre suivant en allant à son Gouvernement, & l'y vit alors pour la premiere fois, malgré une correspondance précédente de seize années. Est-celà le caractere d'une passion folle que Madame de S. Vincent ne rougit point d'insinuer qu'elle a entretenue & favorisée?

Sa mauvaise foi à avancer & rapprocher toutes les époques prouve la fausseté & le ridicule de ses allégations, qui ne peuvent acquérir l'air de la vraisemblance. Malgré cette supercherie, il est faux que M. le Maréchal

chal ait passé plus d'une heure avec ladite Dame de Saint-Vincent dans cette premiere visite.

Eloigné de Poitiers, les offres fastueuses lui coûtoient encore moins; c'étoit un petit oubli qu'il ne se pardonnoit pas, d'être parti sans pourvoir à ses besoins; elle n'avoit qu'à mettre la main sur une somme de 45,000 l. qu'il avoit déposée tout exprès à un Procureur de Poitiers, *mais dont le nom resta au bout de sa plume.* Une autre lettre lui faisoit espérer 100,000 liv. une troisieme 200,000 l. une quatrieme 245,000 l. & ces trésors imaginaires ne faisant que croître & embellir, il promit tout d'un coup 100,000 écus, tant pour payer les dettes qu'il avoit occasionnées, & qui étoient les siennes propres, que pour pla-

Quelqu'un qui s'éloigne du séjour d'une femme qu'il a vue une heure, après un commerce épistolaire de seize années, n'est guères dans le cas de faire à cette femme des offres fastueuses. Ce n'est point là la marche du cœur humain. Mais il suffit d'observer que ces offres fastueuses, la fable ridicule de 45,000 livres indiquées chez un Procureur *anonyme*, & l'augmentation progressive & insensée de ces promesses ne se trouvent consignées que dans des copies ou plutôt des projets de prétendues lettres de M. le Maréchal *qui sont écrits de la main de Madame de Saint-Vincent & de celle du sieur de Vedel.*

Requête. *Réponses.*

cer l'excédent, & former à la Suppliante un revenu honnête.

En revenant de Bordeaux, à Poitiers, nouvelles visites, même jargon. Arrivé à Paris, il lui persuadoit qu'elle n'avoit qu'à s'adresser à son Banquier, Juif à Bordeaux; qu'elle ne manqueroit de rien. Elle a écrit deux fois à ce particulier, & ne lui a demandé que des sommes modiques, autant pour ses pressans besoins que pour vérifier si M. le Maréchal étoit sincere. Le Juif l'a refusée très-nettement.

L'indication faite du sieur *Peixotto* pour réaliser ces prétendues promesses n'a pas d'autres preuves que les promesses même.

Madame de S. Vincent élude adroitement de parler de sa correspondance sur cet article avec le sieur *Peixotto*. Il est prouvé par ses lettres au sieur Vedel qu'elle en avoit établi une factice, & elle a avoué dans son second interrogatoire, art. 47, qu'elle avoit fabriqué de fausses lettres du sieur *Peixotto* relativement à cet objet.

L'interpellation qui lui est faite d'après cet aveu, article 48, démontre jusqu'à l'évidence que la fausseté des lettres du sieur *Peixotto* & la fabrication qu'elle en a faite anéantit l'existence des prétendues promesses qu'elle dit avoir reçues de M. le Maréchal.

Requête.

Cependant les dettes augmentoient, les fournisseurs de bouche refusoient les provisions de premiere nécessité ; dans cette horrible situation la Suppliante fut forcée d'en faire confidence au sieur de Vedel, Major du Régiment Dauphin, qui étoit en garnison à Poitiers. Il ouvrit sa bourse, & lui conserva la vie par une action si digne de sa reconnoissance.

Pour le tranquilliser sur ce prêt généreux, elle lui communiqua les lettres de M. le Maréchal, auquel elle écrivit pour le prier de procurer une retraite honorable au sieur de Vedel, en l'instruisant qu'elle tenoit sa subsistance de cet Officier, & lui avoit les plus grandes obligations.

Réponses.

Tout ce qui résulte de cet article, c'est que les 2000 liv. de pension que la Dame de Saint-Vincent recevoit de son mari, & les 500 livres qu'il y ajoutoit annuellement pour le paiement de ses dettes, ne lui suffisoient pas. Mais non-seulement M. le Maréchal n'étoit pas tenu d'y suppléer, mais encore l'estime due au nom & à la famille de Madame de Saint-Vincent s'opposoit à ce qu'il le fît.

Il est évident que Madame de Saint-Vincent & le sieur Vedel faisoient en communauté, & que leurs petites ressources finies, ils ont lié entr'eux leur partie pour dépouiller M. le Maréchal.

Dans les conversations qu'elle a eues à Poiteirs

Requête. *Réponses.*

avec le ſieur de Vedel, il a vu arriver par les Facteurs ordinaires, les lettres de M. le Maréchal, ſoit de Bordeaux, ſoit de Paris, cachetées à ſes armes; il en a lui-même ouvert pluſieurs, les a lues à la Suppliante, en a porté les réponſes à la boëte; il atteſte par la religion du ſerment *, *qu'il y étoit queſtion de promeſſes d'argent toujours réitérées*; que, par d'autres du même caractere, il écrivoit: « *Ma chere Couſine, j'arriverai un tel jour à Poitiers* »; qu'effectivement il y arrivoit; que la Suppliante ayant reçu un billet, par lequel M. le Maréchal lui marquoit qu'il iroit la voir à quatre heures du ſoir, le ſieur de Vedel en avoit pris lecture le matin; qu'ayant dîné le même jour à l'Evêché avec M. le Maréchal & d'autres Officiers, ils furent tous témoins qu'après le dîné M. le Maréchal, accompagné cette fois de M. l'Evêque, rendit ſa viſite à la Suppliante.

* *Dans les interrogatoires.*

D'après ce qui précede, le concert de fraude eſt évident entr'eux.

Ces viſites ſe ſont réduites à quatre en deux ans, à des diſtances fort éloignées, toujours occaſionnées par les voyages de M. le Maréchal à ſon Gouvernement.

L'une de ces viſites ſi courtes, ſi rares, ſi précieuſes, s'étant faite en la compagnie de M. l'Evêque, on voit ſi leur objet caractériſe *un rapt de ſéduction & de violence*, & comporte des promeſſes de 425,000 liv.

Requête. *Réponses.*

Le sieur de Vedel ne pouvant plus soutenir une double dépense, la Suppliante écrivit à M. le Maréchal qu'elle étoit dans la plus affreuse misere; que son mari *ayant supprimé sa pension depuis qu'il l'avoit fait sortir de Tarbes*, elle étoit exposée à périr de faim; que ses Créanciers la fatiguoient à l'excès. On ne s'attendroit pas à cette réponse : « *Désertez furtivement Poitiers, & venez à Paris* ». Il fallut suivre un conseil aussi étrange, sous peine de la vie.

On ne représente pas la lettre qui contenoit ce conseil.

La Suppliante, arrivée à Paris au commencement de 1773, se logea à un troisieme étage, au Couvent de la Miséricorde. Elle y resta quinze jours, ne vivant, elle & sa Femme-de-Chambre, que du pain qu'elles empruntoient.

Il est prouvé par les lettres de Madame de S. Vincent au Major, que c'est sa passion pour lui qui l'a conduite à Paris.

Au mois d'Avril 1773, M. le Maréchal la vint voir dans sa triste demeure : elle atteste qu'elle lui fit cette humiliante représentation : *Mon Cousin, je n'ai pas un sol, je suis pauvre comme une misérable, je ne puis emprunter étant*

On a vu plus haut la fausseté des promesses prétendues faites par M. le Maréchal. Il suffit de l'absurdité de ce trait pour en démontrer la fausseté. On donne quelques louis à une femme qui manque du nécessaire, & non un

en puissance de mari ; donnez-moi quelque chose pour que je puisse emprunter avec assurance de rendre. Ce fut alors qu'il lui fit, de sa propre main, sur sa toilette, un mandement des cent mille écus qu'il lui avoit tant promis.

mandat de cent mille écus non négociable.

Comme M. le Maréchal excelle dans le malheureux talent d'en imposer aux Dames, qu'il avoit trop de fois manqué à la Suppliante pour qu'elle eût pleine confiance en son mandement, elle le fit voir à un Conseil, qui lui assura que ce n'étoit qu'un *chiffon*, sur lequel on ne lui prêteroit pas un sol. Il étoit en effet dans le goût de ces promesses équivoques, dont les Tribunaux ont quelquefois puni l'infidélité. « Je prie M. Peschot » de donner ou compter à Madame de Saint-Vin» cent, la somme de 300,000 livres *qui lui appar» tiennent*, dont je le tiendrai quitte pour toujours. » *Signé* le Maréchal Duc DE RICHELIEU ».

Madame de S. Vincent a consulté pour s'assurer si elle connoissoit bien la forme d'un titre obligatoire.

Deux subtilités dans cette rédaction ; la premiere, le Banquier ne s'appelloit point *Peschot*, mais Peixotto : M. le Maréchal étoit bien assuré

Il est clair que ces deux subtilités sont l'effet de l'inadvertence de Madame de Saint-Vincent, occasionnée par la maniere dont le nom du sieur *Pei-*

Requête.	Réponses.
qu'en défigurant son nom, il n'acquitteroit le mandement ni en tout, ni en partie; la seconde, sans se reconnoître Débiteur de	xotto se prononce dans le monde, & de son impéritie lors de son essai du crime qu'elle a commis.

la Suppliante, ni avoir fourni les fonds au Banquier, il présupposoit que Peschot n'étoit que dépositaire de ceux qui appartenoient à la Suppliante.

Requête.	Réponses.
Au mois de Juillet 1773, la Suppliante reporta ce *chiffon* à M. le Maréchal, le déchira devant lui; il consentit de lui donner un billet au porteur sur le même Banquier; mais sous la condition qu'elle n'en parleroit à qui que ce soit, la menaçant de la perdre si elle osoit le livrer au commerce; & pour être plus certain que cette largesse apparente n'éclateroit pas, il lui fit promettre qu'elle iroit demeurer à Bordeaux, lieu du domicile de Peixotto, qu'il savoit bien qui n'avance-	Il est prouvé au Procès que Madame de Saint-Vincent a eu les deux mandats de cent mille écus à-la-fois dans ses mains; que tous deux portoient l'acceptation du sieur Peixotto; que cette acceptation étoit de son fait, & que le sieur Peixotto n'avoit jamais vu ces mandats. Si ce faux ne démontre pas celui de la signature de M. le Maréchal, dont ils étoient revêtus, il n'y a plus rien de certain dans ce monde. Madame de S. Vincent, si franche & si véridique, oublie ces pe-

Requête.	*Réponses.*
roit pas la plus petite somme sans nouvel ordre de sa part, & que les autres Banquiers de cette Ville ne s'exposeroient pas à traiter d'un effet aussi considérable sans son agrément.	tites particularités. Mais les informations & les interrogatoires suppléeront à son défaut de mémoire, & confondront également toutes ses impostures mutipliées.

La Suppliante ne demandoit pas mieux que d'abandonner Paris, où elle périssoit de langueur; elle s'adressa au Vicomte de Castellanne, qui s'étoit, au nom de la famille, vigoureusement opposé à ce qu'elle sortît du Couvent de Millau; elle le pria d'écrire à son mari pour lui demander en quelle Province il desiroit qu'elle se retirât.

Le 26 Juillet 1773, le Vicomte de Castellanne lui écrivit du Pressoir près Fontainebleau: « J'ai » reçu, ma chere Cousine, une lettre de votre mari, » qui me paroît fort satisfait de votre disposition, » dont je lui avois rendu compte d'après notre con- » versation, quand j'ai eu l'honneur de vous voir: la » seule Provence exceptée, il vous laisse le choix sur » toutes celles du Royaume, ainsi que de la Ville, de » la Maison Religieuse où vous jugerez à propos » d'établir votre domicile; il me charge, quand » vous aurez pris sur cela votre derniere résolution » *& fixé le jour de votre départ*, de vous faire compter » *trois cens livres* pour les frais de voyage; mais il » entend

Requête. *Réponses.*

» entend que cette somme en sus de votre pension, » soit consacrée à cet objet; & pour me conformer à » son intention, je ne vous la ferai remettre que quand » vous m'aurez mandé le » jour de votre départ». Pendant que le Vicomte de Castellanne écrivoit cette lettre, il en reçut une de la Suppliante, qui le prioit de lui prêter de l'argent pour acquitter ses dettes; il continua sa réponse, en lui marquant: « Je » compte trouver dans la bourse de l'un de mes amis » *les cent ecus* qu'il me charge de vous faire remettre; » mais il m'est impossible de rien avancer au-delà de » cette somme: nous vivons d'emprunt, &c ».

La fin de la lettre est ici tronquée. Il est certain qu'elle détermine l'impuissance actuelle de M. de Castellanne de donner les cent écus dont il s'agit.

La Suppliante envoya l'original de cette lettre à M. le Maréchal, dans une autre sans doute qu'elle lui écrivit, où l'on distingue deux objets, l'un qui contient ses remerciemens du billet au porteur de cent mille écus, dont il lui étoit interdit de faire usage; l'autre, pour le conjurer de lui donner les especes nécessaires à l'acquit de ses dettes: « *Bien obligée*, mon cher Cousin,

Madame de S. Vincent est obligée d'abandonner le texte de sa lettre à M. le Maréchal, & de se livrer à un commentaire pour en détruire la relation avec celle de M. de Castellanne.

Requête. *Réponſes.*

» je ſuis malade, & puis à peine *vous rendre mes actions de grace* ». Elle ne pouvoit être *obligée* & rendre *ſes actions de grace* que d'un bienfait déjà reçu, c'eſt-à-dire, du billet au porteur ſur Peixotto, qui lui faiſoit eſpérer un avenir plus heureux, mais ne la délivroit pas de ſes dettes, à l'égard deſquelles elle s'exprime ainſi : « *Vous me feriez le plus grand plaiſir du monde de me tirer de l'état où je ſuis* ».

Sa lettre continue, « pour être parfaitement honnête (envers M. de Saint-Vincent) je m'y ſuis adreſſée ; prenez la peine de lire la lettre du Vicomte de Caſtellane, & la permiſſion ample que me donne mon mari d'aller par-tout où je voudrai, après lui avoir nommé Bordeaux : c'eſt le même Chevalier de Caſtellanne qui vous a tant dit du mal de moi, & qui en eſt bien revenu; *mais il n'a pas d'argent* (pour payer les dettes); *je lui mande que j'ai pris la liberté de m'adreſſer à vous, mon cher Couſin* *, à qui je n'aurai plus rien à demander que des lettres, de recommandation pour Bordeaux ».

* Par cette même lettre.

Il eſt clair que le Vicomte de Caſtellanne lui marquant qu'il n'avoit

Les mots *pour payer les dettes*, mis entre deux parenthèſes, ſont ajoutés pour colorer le ſens faux & forcé donné à cette lettre accablante.

La démonſtration de la fauſſeté des mandats, diſpenſe de répondre à ce verbiage. Madame de S. Vincent pouvoit-elle de-

Requête.	*Réponses.*
point d'argent pour l'acquit des dettes, c'est à cet objet que se rapporte la seconde période de la lettre de la Suppliante :	voir *cent mille écus*, & M. le Maréchal étoit-il tombé en démence pour les vouloir payer?

Vous me ferez le plus grand plaisir du monde de me tirer de l'état où je suis; & cette fin : *je lui mande que je me suis adressée à vous, mon cher cousin, à qui je n'aurai plus rien à demander que des lettres de recommandation pour Bordeaux.*

Les Gens-d'affaires de M. le Maréchal, en produisant ces deux lettres, en tirent les plus fausses inductions; ils supposent que la Suppliante n'étoit obligée à M. le Maréchal que parce qu'il lui avoit prêté les cent écus que lui devoit compter le Vicomte de Castellanne lorsque le jour de son départ seroit fixé; que c'est de cette somme dont elle lui rendoit ses actions de graces; mais M. le Maréchal désavouera certainement cette allégation imaginaire de son Procureur, puisqu'il est contre toute vérité qu'il ait remis cent écus à la Suppliante : ce n'étoit pas de cette somme dont elle avoit besoin, elle lui étoit assurée pour son voyage par le Vicomte de Castellanne, qui ne manquoit d'argent que pour payer les dettes; & c'est par la même lettre de la Suppliante qu'elle s'adressoit à M. le Maréchal pour le prier de la tirer de l'état où elle étoit alors.

Le Procureur observe sur la lettre du Vicomte de

Requête. *Réponses.*

Castellanne, contenant promesse de trois cent livres, que le mot *cent* est surchargé de celui de *mille*; il en augure que c'est un faux que la Suppliante a voulu encore commettre. L'objection est mal-adroite, & retombe à-plomb sur ceux qui ont la témérité de la faire.

1°. La piece est produite par M. le Maréchal lui-même, & on peut d'autant moins douter que le faux a été commis dans son Hôtel, qu'on a joint une autre lettre de la Suppliante que l'on réfere au tems des fêtes du mariage de M. le Comte d'Artois, en Novembre 1773, où elle marquoit à M. le Maréchal: *J'espere que je serai bientôt à même de satisfaire à tout ce que je vous dois*; ce qui signifie, selon l'Auteur de la Requête, qu'elle devoit rembourser les 300 livres que M. le Maréchal avoit prêtées, faute par le Vicomte de Castellanne d'avoir de l'argent. On s'efforce de tirer la preuve du prétendu prêt de M. le Maréchal, de la lettre même du 26 Juillet, où les *trois cent livres* sont transformées en *trois mille livres*; l'auteur de cette manœuvre n'ayant pas apperçu qu'à la fin le Vicomte de Castellanne ne parle que de *cent écus*.

Il seroit absurde de supposer que le changement du mot *cent* en celui de *mille*, fût du fait de la Suppliante, elle n'y avoit nul

La surcharge est au *recto* de la lettre. C'étoit un petit piége tendu à la vivacité & à la distraction de M. le Maréchal.

intérêt ; elle ſavoit bien que le Vicomte de Caſtellane ne lui promettoit que les cent écus ; l'original de ſa lettre qu'elle envoyoit à M. le Maréchal, & qu'il a gardé, en contenoit deux fois l'expreſſion ; elle s'expliquoit trop diſertement ſur l'emploi, pour qu'elle pût la détourner à un autre ſens ; elle ne demandoit pas à M. le Maréchal les frais de ſon voyage à Bordeaux, qui lui étoient aſſurés, mais de la tirer de l'état de débitrice où elle étoit à Paris.

2°. Sa dénégation d'un prêt de 300 liv. eſt d'autant moins ſuſpecte, qu'elle a, de ſon propre mouvement, déclaré qu'en 1759 M. le Maréchal lui avoit envoyé à Millau 3000 liv. unique ſomme qu'elle ait jamais reçue de lui, & qui pourroit bien avoir été dans l'intention du Fabricateur, lorſque du mot *cent* il a fait celui de *mille*.

Elle eſt convenue dans ſes interrogatoires avoir reçu quelques ſecours d'argent de M. le Maréchal depuis ſon arrivée à Paris.

3°. Une derniere conviction que M. le Maréchal n'a prêté, au mois de Juillet 1773, aucun argent, c'eſt que la Suppliante n'eſt point partie pour Bordeaux, dans l'impuiſſance d'acquitter ſes

La négociation faite en Novembre 1773 au ſieur Préville du billet de 60,000 liv. l'auroit miſe en état de quitter Paris, ſi ſes projets ſe fuſſent bornés à une retraite de cette ville. Elle y étoit

Requête.	*Réponses.*
dettes à Paris. La lettre dont on fixe l'époque au mois de Novembre de cette année, constate	retenue par le sieur Vedel, & ce premier succès développoit sa cupidité.

qu'elle en réitéroit ses demandes au Vicomte de Castellanne, afin qu'il y déterminât son mari : « Je vous » envoie la lettre que j'écris à mon cousin, qui vous » mettra au fait de mes affaires, & vous prouvera » où j'en suis ; j'espere que je serai bientôt à même » de satisfaire à tout ce que je vous dois ». Elle ne lui devoit que les 3000 liv. de Millau.

Avec le billet au porteur de cent mille écus, la Suppliante étoit comme Tentale au milieu d'un grand fleuve, sans avoir la liberté de se désaltérer. Le sieur de Vedel, à qui elle devoit beaucoup, étoit venu à Paris, à dessein de poursuivre un emploi militaire.	Un mandat accepté du sieur *Peixotto* n'auroit point réduit Madame de Saint-Vincent à la situation de Tentale. En usant de la plus grande discrétion vis-à-vis du sieur Peixotto, elle a bien cherché le moyen de le faire servir à l'exécution de son projet; mais la reconnoissance faite par le sieur Julien, Banquier, à qui

on présenta cet effet, de la fausseté de la signature du sieur Peixotto, a forcé de l'abandonner, & c'est cette catastrophe qui a fait recourir aux billets au porteur.

Requête.

Au commencement de Novembre, la Suppliante avoit en vue de faire changer le billet de cent mille écus, qu'elle avoit reçu en Juillet, en plusieurs autres de différentes sommes ; mais elle craignoit d'en faire la proposition à M. le Maréchal, qui étoit bien persuadé qu'un effet de cette importance ne se commerce pas aisément. Elle s'en remit à sa volonté ; elle fit consulter Me Garisson de la Tour sur la forme. Il donna les modeles de six billets, l'un de la même valeur de 300,000 livres, & cinq autres de 60,000 liv. chacun. La Suppliante les envoya à M. le Maréchal, en lui laissant le choix de signer le premier de la somme entiere, ou les cinq autres. *Elle lui annonça qu'el-*

Réponses.

M. le Maréchal doit être dispensé de suivre Madame de S. Vincent dans cette troisieme époque. La fausseté des deux premieres anéantit également cette troisieme conversion. Il en a d'ailleurs démontré assez disertement la fausseté dans son premier Mémoire. On voit que Madame de S. Vincent n'ose dire lui avoir renvoyé le second mandat de 100,000 écus. Lors de l'instruction ministérielle, elle avoit encore ce faux effet dans les mains. M. de Jumilhac & M. de Sartine l'ont vu. A qui persuader que M. le Maréchal laissât trois doubles emplois de cent mille écus dans les mains de Madame de S. Vincent? Le Sr de la Tour a varié. Tantôt il n'a fait que des projets de billets sans som-

Requête.

le avoit déchiré celui de Juillet. Le sieur de Vedel présent lut la lettre, y vit renfermer les six modeles de billets écrits de la main de Me de la Tour, le paquet fut cacheté sous ses yeux ; il le porta lui-même, & le remit au Suisse de M. le Maréchal, la veille d'un Dimanche ou d'une Fête du mois de Novembre.

Réponses.

mes ni dates. Tantôt il les a écrits en entier. Mais 2 seulement de 60,000 l. avec celui de cent mille écus. Quelle que soit la version à laquelle il se fixera, elle ne cadre point avec celle des Accusés.

Requête.

Le lendemain la Suppliante entra dans la chambre de l'Abbé Froment, située sur le même escalier que l'appartement qu'elle occupoit. *Elle l'entretenoit de l'envoi qu'elle avoit fait le jour précédent*, lorsqu'un laquais de M. le Maréchal, portant sa livrée, passa devant la porte de l'Abbé Froment, & fut sonner à celle de la Suppliante. Elle n'eut que l'instant d'ouvrir le paquet dont il étoit porteur ; elle rentra chez l'Abbé Froment, qui vit que *le paquet fraîchement décacheté*

Réponses.

La gazette du tems prouve l'alibi de M. le Maréchal à cette époque.

Cet entretien avec l'Abbé Froment ne paroîtra jamais l'effet du hasard, ayant lieu au moment de l'arrivée de l'homme vêtu de rouge, qu'on veut faire passer pour un laquais de M. le Maréchal.

(ce

(ce ſont ſes expreſſions). Il remarqua les armes de M. le Maréchal ſur l'enveloppe, la livrée du laquais, & vit trois billets ſignés de M. le Maréchal, & approuvés de ces mots, *bon pour*; l'un étoit de 300,000 livres, les deux autres de 60,000 livres chacun. La lettre de la même écriture portoit : « *Je vous* » *envoie, ma chere couſine,* » *votre billet tout ſigné* » (c'étoit celui de cent » mille écus), *& deux :* » *vous paierez vos dettes avec l'un, vous donnerez l'autre* » *à votre tiers pour le payer de ce que vous lui devez ;* » *mais n'en vendez point, n'en parlez à perſonne : j'aime* » *toujours bien ma chere couſine* ».

M. le Maréchal s'eſt inſcrit en faux contre cette lettre d'envoi comme contre les billets au porteur.

Le Lieutenant-Criminel, trop dévoué à M. le Maréchal, a oppoſé à la Suppliante, qu'il ne ſuffiſoit pas que l'Abbé Froment eût apperçu le laquais, reconnu la livrée, & le cachet de M. le Maréchal, pris lecture des trois billets & de la lettre; il falloit, à l'en croire, qu'il eût auſſi vu décacheter le paquet, la Suppliante ayant pu en ſubſtituer un autre tout préparé.

Mais ce tour de ſoupleſſe & de fraude, qu'on ne doit pas préſumer dans une femme de la premiere qualité, eſt démontré

Une femme de qualité qui dénonce à la Juſtice & au Public un rapt de ſéduction en ſa perſonne, qui réclame une libéralité

Requête.

phyſiquement impoſſible & chimérique, par les billets mêmes, écrits de la main de Me Gariſſon de la Tour, qui la veille furent remis à l'hôtel de M. le Maréchal, ſans être ſignés ni approuvés, & ſe trouverent le lendemain revêtus de ces deux formes eſſentielles. Le ſieur de Vedel, qui les avoit portés en ſimples modeles, les reconnut pour être les mêmes.

Malgré la partialité du Lieutenant-Criminel, il n'a pu ſe diſpenſer de rendre hommage à la franchiſe de cet Officier, en voulant lui perſuader que la Suppliante lui avoit fait illuſion. Mais s'il eſt convaincu de la probité univerſellement connue du Sr de Vedel, il doit l'être de ſa ſincérité, quand il atteſte ſur la foi du ſer-

Réponſes.

extravagante comme en étant le fruit, qui a fabriqué une fauſſe correſpondance avec un Banquier, qui en a contrefait ou fait contrefaire la ſignature pour cent mille écus, qui, pour ſe rendre intéreſſante, établit par ſes lettres qu'elle a eu deux enfans de deux perſonnes différentes, eſt, à bon droit, ſuſpecte de tous les tours poſſibles.

La ſincérité du ſieur de Vedel ne mérite pas plus de créance dans cette affaire où il joue un rôle ſi important & s'eſt donné un intérêt ſi puiſſant.

L'Abbé Froment, très-prudemment, n'a certifié avoir vu qu'un homme vêtu de rouge, & a aſſuré ne pouvoir rien aſſurer ſur la figure ni la forme de l'habillement de ce

Requête.	*Réponses.*
ment, qu'il a vu renfermer les billets, non signés ni approuvés, dans le paquet qu'il a remis au Suisse de M. le Maréchal ; que le lendemain la Suppliante les lui a montrés, signés avec les *bon pour ;* & que l'Abbé Froment jure avoir vu le laquais	prétendu laquais. Les variations des Accusés sont curieuses à cet égard. On aura fait venir un Quidam vêtu de rouge, pour faire illusion à cet *Ecclésiastique, pour se ménager, de sa part, un témoignage* TEL *quel.*

de M. le Maréchal les rapporter sous l'enveloppe & le cachet de M. le Maréchal. Il est donc manifeste que s'il y a de la fausseté, elle part infailliblement de l'hôtel de Richelieu. Cette démonstration est invincible.

Il revient de toutes parts à la Suppliante, que M. le Maréchal, pour s'éviter la peine des signatures, se sert de *Griffes & de Secrétaires dont l'écriture est semblable à la sienne,* & signent pour lui plusieurs expéditions du menu détail de son Gouvernement. S'il emploie le même secret pour feindre certains engagemens qu'il	Allégation aussi fausse qu'absurde. Que l'on opte donc entre les *Griffes* & les *Secrétaires faussaires.* Il faut articuler quelque chose de précis quand on a le front de hasarder de pareilles atrocités. Benavent a osé imprimer qu'on avoit découvert que M. le Maréchal avoit fait faire deux griffes d'argent à Bordeaux. Le

Requête.

se propose de désavouer, ce seroit avoir trompé la Suppliante par l'artifice le plus odieux. Elle auroit quelque lieu de le craindre, par des circonstances qui frappent les esprits réfléchissans, & révoltent les ames honnêtes. Il n'est pas tems d'en faire le détail.

Réponses.

fait est de toute fausseté, & il est défié de nommer l'Orfévre *. Il faut que les Accusés supposent bien peu de justesse dans les esprits & de droiture dans les cœurs, pour se flatter que des allégations aussi audacieuses puissent faire naître des incertitudes sur leur crime. Après tous les faux émanés de Madame de S. Vincent, dont une partie est avoué par elle, & le reste prouvé au Procès, *faux ayant une relation directe aux billets dont il s'agit*, & tendans à leur donner une vraisemblance, tant dans le principe que dans l'exécution, est-il possible de mettre en question si les billets sont sortis d'un autre main que la sienne?

Au mois de Mars 1774, la Suppliante envoya, par sa femme-de-chambre, le billet de cent mille écus, avec d'autres modeles, pour en partager la somme en dix coupons. Elle garda les deux de

Quatrieme faux consommé, dont la démonstration est identique avec celle des faux précédens. Qu'est devenu le billet de cent mille écus échangé avec les dix autres? Voilà un quatrieme dou-

Requête.

60,000 liv. Le surlendemain elle fut voir M. le Maréchal, qui lui remit les dix billets signés & approuvés, en lui disant : *Prenez garde, vous êtes une mauvaise tête, n'allez pas faire la folle en les vendant ou les donnant ; si vous les vendez, je vous perdrai.*

Réponses.

ble emploi de cent mille écus. Pourquoi les dix billets nouveaux font-ils 305,000 livres ? Voilà pour 1,325,000 livres d'engagemens souscrits du nom de M. le Maréchal dans les mains de Madame de S. Vincent. Pourquoi encore varie-t-elle sur l'époque de cette quatrieme conversion, trouvant un démenti dans ses propres pieces sur chaque époque à laquelle elle voudroit se fixer ? Quelle raison actuellement donnera-t-elle des quatre nouveaux billets montans à 80,000 liv. qu'elle s'occupoit de fabriquer lors de l'éclat de l'affaire ?

La nécessité, plus forte que la crainte, ne permit pas à la Suppliante d'attendre plus long-tems des secours. Elle remit l'un des billets de 60,000 liv. à l'Abbé Froment, Aumônier du Couvent de la Miséricorde, le pria de le proposer à quelques-uns de ses amis, qui pour-

Encore un anachronisme. Madame de S. Vincent veut faire perdre de vue que c'est dès le mois de Novembre 1773, qu'elle a fait la négociation du billet de 60,000 l. avec le sieur Preville, qu'il lui restoit encore un faux billet de pareille somme. On sent sa rai-

Requête.

roient avec prudence prendre les précautions convenables d'en vérifier la signature.

Réponses.

son ; c'est que sa fable de la nécessité de la conversion du billet de cent mille écus en plusieurs de moindre somme, & de la négociation du tout à vil prix se trouve détruite par ce fait.

L'Abbé Froment s'adressa à Me Guespreau, Notaire, qui en parla au sieur de Preville son beau-pere. Ils furent l'un & l'autre chez Me Dumoulin, Notaire de M. le Maréchal, lui présenterent le billet, & le prierent de leur dire s'il en reconnoissoit la signature.

Me Dumoulin certifia que c'étoit véritablement celle de M. le Maréchal ; *qu'il en répondoit comme de la sienne propre* ; *voilà* (dit-il) *la barre qu'il met au-dessous de sa signature.* Et pour mieux les convaincre, il retira de ses cartons plusieurs minutes *, dont il fit lui-même & leur fit faire la comparaison. Il les fortifia dans cette persuasion en leur apprenant qu'à l'échéance du billet M. le Maréchal devoit recevoir le remboursement de pareille somme de 60,000 liv. Le sieur de Preville n'hésita plus à consommer le traité ; il donna 6000 liv. en argent, le reste en rescriptions.

Au mois de Mai, la Suppliante confia un second billet de 25,000 liv. au sieur Bennavent, qui chargea

* Me Dumoulin n'a montré aucunes minutes, & ne le pouvoit faire sans une indiscrétion dont il est incapable. Sa prétendue reconnoissance, qui seroit le fruit de l'erreur, ne peut donner aux signatures la vérité qui leur manque. Au surplus M. le Maréchal a produit pour pieces de comparaison deux actes de délégation par lesquels il avoit disposé au profit de tiers des 60000 livres du remboursement desquelles il est ici question.

le ſieur Rolland de le négocier. Ce dernier convint de prix avec le ſieur Rubit, Marchand Frippier. Tous les trois ſe rendirent auſſi chez Me Dumoulin, Notaire, qui reconnut la ſignature. Rubit convaincu que c'étoit celle de M. le Maréchal, ſe chargea du billet, & s'accommoda de deux autres qui montoient à 55,000 livres, donna quelqu'argent & des marchandiſes, dont la vente a été faite par des Huiſſiers-Priſeurs.

Le 16 Juin 1774, M. le Maréchal partit pour Bordeaux; & le ſieur de Vedel, qui n'avoit plus d'eſpoir d'obtenir la récompenſe de ſes ſervices, ſe diſpoſant à rejoindre ſon Régiment, la Suppliante eut à cœur de finir de compte avec lui, & de ſe délivrer de toutes les dettes dont elle étoit journellement fatiguée. Une troiſieme négociation éclata par l'imprudence de ceux qui l'entamerent, & la multitude d'uſuriers qui s'en ſont mêlés à l'inſçu de la Suppliante.

On élude la ſeconde négociation faite avec Rubit, de trois billets montant à 55,000 liv.

L'intérêt du ſieur Vedel dans cette affaire eſt avoué. Il n'a jamais pu établir ce que Madame de Saint-Vincent lui devoit.

La veuve Leroi adreſſa le nommé Dufour à l'Abbé de Villeneuve, auquel la Suppliante avoit remis

Complicité de l'Abbé de Villeneuve-Flayoſc.

M. le Maréchal croit devoir avertir le Public de ne

Requête.	*Réponses.*
deux billets, l'un de 20, l'autre de 30,000 livres. L'Abbé de Villeneuve les confia à Dufour, « en lui » recommandant le se» cret, dans la crainte que » M. le Maréchal ne fît » des reproches à la Sup» pliante d'avoir manqué » à la condition qu'il lui » avoit imposée, de ne » point faire usage de ces » billets avant un an ».	*pas confondre cet Abbé avec le sieur Abbé de Villeneuve, Grand Vicaire de Nevers, lequel joint aux vertus de son état toute la délicatesse des sentimens d'un homme de qualité.*
Ce Particulier fit tout le contraire, il en parla au sieur d'Aigremont, celui-ci au sieur Robert, Coutellier sous la voûte du Palais Royal, lequel en avertit le sieur Sube, Contrôleur de la maison de M. le Maréchal, & le Sr Vezon, Banquier, qui se donnerent rendez-vous à la boutique de Robert, au jour & heure que Du-	Il est essentiel d'observer encore ici un anachronisme. La négociation tentée par l'Abbé de Flayosc est postérieure au 16 Juillet 1774, & conséquemment à la dénégation respective de M. le Maréchal & de Madame de Saint-Vincent. Il n'y avoit sûrement pas de bonne foi à négocier pour lors ces billets : il n'y en a pas davantage à donner cette négociation pour la cause & le fondement de la réclamation de M. le Maréchal.

four y devoit apporter les billets. Les originaux en furent représentés au sieur Sube, qui convint que c'étoit c'étoit la véritable signature de M. le Maréchal, & la confronta avec d'autres qu'il tira de sa poche; il en avertit le sieur Marion *, qui réunit à sa qualité de Greffier au Châtelet celle incompatible d'Intendant de M. le Maréchal, auquel il écrivit.

Le 16 Juillet 1774, le sieur Marion apporta à la Suppliante une lettre de M. le Maréchal, par laquelle il lui marquoit son mécontentement de ce que ses billets couroient dans le commerce, qu'elle avoit intérêt de découvrir cette *maquignonerie.* La Suppliante, qui ne savoit réellement pas que l'Abbé de Villeneuve en eût livré deux à Dufour, qui les avoit rendus publics, fit réponse à M. le Maréchal qu'elle en étoit aussi étonnée que lui; elle n'y parla point de ceux qu'elle avoit cédés aux sieurs Preville & Rubit, qui lui avoient promis de n'en faire usage qu'à l'expiration du terme que M. le Maréchal avoit fixé. Elle envoya cette réponse à Marion, sans être cachetée, plutôt pour arrêter les bruits qui déplaisoient à M.

Il faudroit rapporter cette lettre de M. le Maréchal, pour convaincre de la sincérité de ce qu'on en rapporte. Sa suppression & la réponse de Madame de Saint-Vincent qui la rétablit, décéleront toujours & la fausseté des billets & l'aveu qu'en a fait Madame de Saint-Vincent dans le premier moment de son effroi sur l'horreur & la bassesse de son crime mis au grand jour.

* *Nota.* A cette époque, la lettre dont il est parlé dans l'article suivant, avoit déjà été remise à Madame de Saint-Vincent; & M. le Maréchal avoit déjà réclamé les secours de la Police contre la friponnerie qui avoit été dévoilée au sieur Marion par le sieur Guinot, Conseil de Rubit, dès le mois de Juin, après le départ de M. le Maréchal pour Bordeaux.

Requête. *Réponses.*

le Maréchal, qui ne vouloit pas que les gens de sa maison en fussent informés, que pour lui servir de preuve de l'inexistence de billets, qu'il savoit mieux que personne avoir signés.

Marion ayant sonné le tocsin dans tout Paris, & publié que les billets qui paroissoient sous le nom de M. le Maréchal étoient faux, la Suppliante, offensée d'une inculpation aussi atroce, se crut dégagée de la loi du silence que M. le Maréchal lui avoit prescrit; elle se plaignit à lui-même, par une seconde lettre du 23 Juillet, des bruits injurieux que ses gens répandoient; elle l'interpelloit de lui rendre justice sur la vérité des billets, en lui protestant que s'il osoit les attaquer, *elle défendroit son honneur, celui de sa famille, & qu'elle périroit plutôt.* A la représentation de cette lettre lors de ses interrogatoires, elle l'a

Tous les billets mis à l'instant sur la place, le nom de M. le Maréchal prostitué à tous les Courtiers de la plus vile espece, son crédit compromis, tout cela ne permettoit pas de garder le silence par complaisance pour Madame de Saint-Vincent.

Si les Conseils perfides de cette Dame n'eussent pas étouffé les premiers mouvemens de sa conscience, & qu'on l'eût laissé persévérer dans le premier aveu que la honte & les remords lui avoient dicté, on eût été dispensé d'un éclat aussi funeste; & loin d'avoir induit quelques parens dans une erreur qui a entraîné des démarches indiscretes, on auroit pu trouver un

Requête. *Réponses.*

reconnue, en s'exprimant ainsi : *Affirme, atteste, & jure qu'elle a reçu les billets en question de la part de M. le Maréchal, & plusieurs de la main à la main ; qu'elle n'est pas capable de contrefaire une signature, ni de vendre des billets faux ; qu'elle n'a écrit à Marion la premiere, que pour cacher l'indigne négociation qu'on avoit faite sans sa participation.* Ce langage est trop naïf * pour être suspect.

moyen d'assoupir cette cruelle affaire.

* *Nota.* Comment peut-on vanter la naïveté de Madame de Saint-Vincent, lorsqu'elle atteste que la négociation des billets s'est faite *sans sa participation?*

LE surplus de la Requête de Madame de Saint-Vincent contient le détail des prétendues nullités que ses Conseils entreprennent de relever dans la procédure, & que des yeux de Lynx ne peuvent appercevoir.

M. le Maréchal ayant répondu par des observations imprimées & signifiées aux moyens controuvés de nullités, il ne répete point ici les réponses décisives qu'il a faites ; mais il se bornera à relever l'inexactitude & la fausseté de quelques faits hasardés par Madame de Saint-Vincent.

Procédure d'Ordre du Roi.

Page 25. La maxime est vulgaire en droit, qu'un Juge délégué n'en peut pas déléguer un autre.

Les ordres du Roi ont été adressés directement aux Commissaires Chesnon, pere & fils.

Requête.

Cependant le Commissaire Chesnon délégua son fils, qui, le 25 Juillet, se transporta comme substituant son pere, avec le sieur Henri, Inspecteur de Police, en la maison du sieur Bennavent, &c.

Réponses.

Pour réponse générale à la déclamation employée sur toute cette partie, on se contentera d'observer que si elle étoit acceuillie en la Cour, il faudroit supprimer l'établissement de la Police si utile en cette Ville *. Il séroit plus nuisible qu'utile aux Citoyens, si toutes les fois qu'ils en auroient réclamé le secours, qui souvent est le seul moyen efficace de parer à leur ruine, non-seulement toutes les preuves & les moyens que cette voie leur auroit administrés, étoient irréparablement perdus pour eux, mais encore ils se trouvoient travestis en coupables, pour avoir eu recours à une autorité légitime & salutaire, dans la vue de poursuivre utilement devant les Ministres de la Loi une action préparée sous les auspices de l'Autorité suprême.

Page 26. Le même jour sur les huit heures du matin, Chesnon pere s'étoit transporté avec le sieur Buchot, Inspecteur de Police, & *vingt hommes armés* au Couvent de la Miséricorde.

Il n'y avoit pas deux personnes, & aucun n'étoit armé.

* *De tous les coupables qui sont condamnés dans les Tribunaux, pour crimes commis dans Paris, il n'y en a peut-être pas un sur vingt qui n'ait été arrêté d'ordre du Roi, & contre qui les preuves n'aient été acquises par cette voie extrajudiciaire. presque tous les crimes qui troubloient l'ordre de cette Capitale demeureroient impunis, si les Tribunaux se déterminoient à rejetter des procès les pieces de conviction saisies par la salutaire vigilance du Ministere, sans laquelle il eût été souvent impossible de les réunir.*

Procédure judiciaire.

Page 32. (Le Commis-

Non-seulement on don-

Requête.	*Réponses.*
missaire) apposa ses scellés jusques sur les armoires de leur linge, pour leur ôter la liberté d'en changer.	na à Madame de Saint-Vincent, & à sa femme-de-chambre provision suffisante de linge; mais l'armoire où il étoit placé resta libre, & jusqu'à la

levée des scellés apposés sur le secrétaire, le sieur Dijon établi gardien leur donna du linge toutes les fois qu'il lui en fût demandé.

Page 33. M. le Maréchal, informé que l'Abbé de Villeneuve avoit occupé un appartement sur le Quai de l'Ecole avant d'aller demeurer à l'Hôtel des Asturies, & qu'il y avoit laissé une armoire & une commode, présenta Requête pour qu'on y fût aussi apposer les scellés. L'Abbé de Villeneuve y fut conduit du Châtelet, par le Commissaire Chesnon & ses Aides-de-camp, à onze heures du soir; toute la maison fut en alarmes; on mit des scellés.	Cet appartement Quai de l'Ecole est le vrai domicile de l'Abbé de Villeneuve. Là est son lit ainsi que ses autres meubles. Il avoit eu la supercherie lorsqu'il se vit arrêter d'indiquer sa demeure à l'Hôtel des Asturies, rue du Sépulchre, où il ne faisoit que coucher depuis la sortie de sa tante de la Bastille, pour être plus à portée de l'aider de ses conseils, & où dans le fait il ne se trouva aucuns effets à lui appartenans. On découvrit sa fraude. La Justice y a remédié, &

Requête. *Réponses.*

tous ses papiers se sont trouvés dans son appartement Quai de l'Ecole.

Page 34. Pour trouver la valeur du premier billet, il (le Lieutenant-Criminel) interrogea la Suppliante, si c'étoit elle ou son pere qui l'avoit fournie en argent dans la ville d'Aix, ou lors du voyage de Mahon.

L'interrogatoire de Rubit établit le fondement de cette question. Cette assertion lui avoit été faite par les Srs Vedel & Bennavent. Madame de Saint-Vincent en a fait bien d'autres contradictoires les unes aux autres, soit vis-à-vis de M. de Sartines, soit dans ses interrogatoires à la Bastille & au Châtelet.

Page 35. En interrogeant l'Abbé de Villeneuve, il (le Lieutenant Criminel) vouloit le forcer à représenter les lettres qu'il affirmoit n'avoir plus en sa disposition. Il eut l'indécence de lui faire cette menace: *Ah! M. le drôle, je vous les ferai bien trouver*, & sur le champ le fit descendre au *cachot.*

Tout est d'une fausseté atroce dans ce récit.

L'Abbé de Villeneuve n'a point été mis *au cachot*, mais seulement au secret dans la chambre qu'il occupoit au Fort-l'Evêque. Et voici comment la chose s'est passée. Ce n'étoit point lors d'un interrogatoire; mais il étoit dans son appartement Quai de l'Ecole, avec le Lieutenant-Criminel & le Procureur du Roi du Châtelet, en la présence desquels le Commissaire Chesnon procédoit à la reconnoissance & levée des scellés. Pendant l'opération, l'Abbé se targuoit beaucoup des lettres prétendues écrites par M. le Maréchal à Madame de Saint-Vincent, & par lui arguées de faux. Il se vanta de les avoir mises en sûreté. L'instruction étoit suspendue faute de la remise de ces pieces & du surplus des billets au porteur.

Les deux Magistrats lui firent les représentations les plus honnêtes sur l'intérêt réel que lui & sa tante avoient à ce que ces pieces fussent remises au Greffe, pour accélérer l'instruction. Rien ne put vaincre l'opiniâtreté & les rodomontades de ce jeune homme. M. le Procureur du Roi lui expliqua les dispositions de l'Ordonnance de faux principal qui exige cette remise de pieces arguées de faux, & permet d'y contraindre par corps les dépositaires. Tout cela fut inutile. L'Abbé de Villeneuve étoit déja en prison. Il ne restoit vis-à-vis de lui que la ressource de le mettre au secret. Le Procureur du Roi le requit par écrit, & le Lieutenant-Criminel l'ordonna sur le procès-verbal du Commissaire. On permit à l'Abbé de Villeneuve d'écrire de chez lui ce qui se passoit à M. de Castellanne, à un laquais du quel il dit avoir remis toutes les pieces en question.

Le surlendemain M. de Castellane a fait déposer les pieces au Greffe du Châtelet, par le ministere de

Requête.	*Réponses.*

Me Lafitte, & a présidé lui-même à l'opération.

Requête.	*Réponses.*
Page 35. Dans la communication qu'il (Me Lafitte) faisoit des pieces aux gens d'affaires de M. le Maréchal, il leur étoit facile d'y glisser des copies ou des doubles de celles qui les inquiétoient, afin d'embarrasser la Suppliante par des interrogatoires préparés.	Cette précaution de sa part prouve le ridicule & la fausseté de l'imputation faite dans l'article ci-contre. Me Lafitte, Procureur au Châtelet, doit être bien mécontent d'avoir été employé dans cette affaire. M. le Maréchal n'a que trop de raisons de se plaindre de lui, non d'a-

voir prêté à Madame de Saint-Vincent un ministere qu'il lui devoit, mais d'en avoir excédé les bornes par l'enthousiasme de sa confiance dans la Cause de sa Cliente; & Madame de Saint-Vincent, qu'il n'a desservie que pour avoir cru vraies toutes les pieces qu'elle lui a fait remettre comme telles, ne sçachant comment se tirer de son propre piege, veut associer Me Lafitte à la fabrication de ses *faux*.

Les deux lettres évidemment calquées l'une sur l'autre ont attiré cet orage sur Me Lafitte.

Pour anéantir l'une des deux, il faut que Madame de Saint-Vincent s'inscrive en faux contre le procès-verbal de dépôt, fait par le Greffier, & désavoue la signification qui en a été faite à sa requête à M. le Maréchal.

Les

Les efforts de Madame de Saint-Vincent pour écarter d'elle cette piece évidemment émanée d'elle, démontrent qu'elle est l'auteur de cette fausse piece, & il ne faut pas une logique bien subtile pour voir que si elle a fait un faux pour l'affaire, elles les a fait tous, ou fait faire, ce qui revient au même dans l'espece.

Page 44. Dans cette vacation le sieur Bachois a rebattu la naissance d'un enfant, & comme l'indécence *crescit eundo*, au lieu d'un il en a supposé deux; *ce n'étoit pas l'objet de la plainte.* Le sieur Mazieres étoit le seul de tous les témoins qui eût déposé que le Procureur de la Suppliante lui avoit communiqué des lettres où elle convient *qu'elle s'amusoit par des contes extravagans.*

Page 43. *Il est dit sur le même fait* : elle a denié formellement des faits,

La seconde plainte rendue par M. le Maréchal embrasse nommément la lettre par lui prétendue écrite à Madame de Saint-Vincent, relativement à cet enfant. Ainsi non-seulement elle fait l'objet de la plainte, mais elle étoit le nœud de l'affaire. Le sieur de Mazieres est le seul qui ait déposé de cette lettre; mais elle a été vue de M. de Sartines & de plusieurs autres Ministres & de toute la Cour à Compiegne. Dans les copies & projets de prétendues lettres de M. le

Rêquête.	*Réponses.*
qui, n'ayant nul rapport avec les billets, n'ont eu pour motifs que d'aggraver les humiliations par lesquelles on cherchoit à la faire périr.	Maréchal, écrits de la main de Madame de Saint-Vincent & du sieur Vedel, qui sont aux procès, la même fable se trouve développée. Il n'y a que la réunion sous la main

de la Justice, des lettres de Madame de Saint-Vincent au sieur Vedel, qui ait fait avorter le projet de soutenir aux Juges comme on l'avoit fait dans le public, que la paternité de M. le Maréchal avoit été le fondement de ses promesses & de sa libéralité. Ces lettres attachent au Sr Vedel cette paternité; il a fallu abandonner le systême de l'attribuer à M. le Maréchal.

L'intérêt de la vérité a donc fait un devoir au Lieutenant-Criminel de discuter scrupuleusement cette partie de la fable de Madame de Saint-Vincent, & d'établir autant qu'il étoit en lui la fausseté de cette lettre attribuée à M. le Maréchal, dont Madame de Saint-Vincent n'ose nier formellement l'existence, mais qu'elle a soustraite aux regards de la Justice, malgré les sommations géminées qui lui ont été faites & à son Procureur, de la part de M. le Maréchal, de déposer cette piece au Greffe du Châtelet, lesquelles sont jointes au procès.

Page 46. Le rapport de	Ce premier rapport

Requête.	*Réponses.*
Guillaume & Liverloz à la Bastille ayant été tenu secret, on ignore s'il a été joint au procès pour servir à l'instruction, ou s'il en a été rejetté..... on le présume, puisque Guillaume a choisi parmi tous les Experts-Ecrivains, deux de ses anciens écoliers, *Paillasson* & *Pottier*, de la docilité desquels il a été assuré; c'est lui-même qui a dressé leurs dépositions au Châtelet, où il se rendoit tous les jours avec le sieur Marion, Intendant de M. le Maréchal, son Procureur, & d'autres Assistans.	fait de l'ordre du Ministre lui a été remis, & le résultat en a toujours été secret. La Cour verra dans les pièces du procès que les Juges du Châtelet ayant appris, après avoir nommé d'office ces deux Experts, qu'ils avoient déja donné leur avis lors de l'instruction ministérielle, se sont réformés; & sur un requisitoire du Procureur du Roi, les deux autres ont été *nommés d'office* à la place des premiers. Il est clair que ni M. le Maréchal, ni Guillaume qu'il n'a vu de sa vie, n'ont influé sur cette nomination d'office.

Au surplus ni Paillasson ni Pottier n'ont été les écoliers de Guillaume. Celui-ci eût été maître de bonne heure, car les deux premiers sont âgés d'environ cinquante ans. Il est faux que l'Intendant & le Procureur de M. le Maréchal ou autres pour lui aient eu aucune fréquentation avec ces Experts au

Châtelet, pendant leur opération, & que Guillaume les ait dirigés, & qu'il y ait eu la moindre communication avec lui de la part des gens d'affaires de M. le Maréchal.

Madame de Saint-Vincent *qui sçait dans le fond de son ame combien ces deux Experts sont irréprochables*, veut essayer d'altérer la foi de leurs dépositions par ces vaines déclamations : mais elle n'y a pas même eu assez de confiance pour oser les comprendre dans sa plainte en subornation.

Tout ce qu'elle hasarde de même sur le compte des autres témoins, se réfere à cette plainte. La Cour en examinant les confrontations, jugera de la futilité des moyens de cette plainte. Elle verra avec autant de surprise que d'indignation qu'il n'y a pas un mot des réponses que Madame de Saint-Vincent prête à ces témoins, & qu'elle ose faire imprimer *en lettres italiques*, comme des extraits fideles.

Page 53. Elle (la Demoiselle Auvray) n'eut pas de peine à persuader à la Prieure, esprit crédule, que l'intention de ce Seigneur étoit de faire rebâtir son Couvent, & de le tirer de la pauvreté, en le faisant participer au

Il faut lire une lettre de Madame de Saint-Vincent, au Sr Vedel, qui est la premiere piece de la 3e liasse des scellés apposés par le Commissaire Chesnon, chez la veuve le Roi. On verra que cette Dame réitere ici &

Requête. *Réponses.*

bénéfice des Lotteries de Paris.

impute à la Demoiselle Auvray, les sornettes dont elle amusoit elle-même la Prieure, lors de son séjour à Poitiers, pour avoir dans le Couvent les facilités nécessaires à sa maniere de vivre. Cette lettre est curieuse par la connoissance qu'elle donne de l'imagination déréglée de Madame Saint-Vincent & de son habitude à tramer des intrigues inexplicables pour ceux même qui en étoient l'objet.

Page 54. La Dame de la Martiniere cloîtrée à Sainte Catherine....

La Dame de la Godiniere aussi détenue à Sainte Catherine....

Ni l'une ni l'autre ne sont détenues. Elles sont librement & par choix dans ce Couvent.

Page 61. Dans quel tems fixe-t-on l'exercice de la suppliante à contrefaire des écritures? C'est trois ou quatre ans avant l'époque des billets argués de faux. Ce seroit à Paris qu'on devroit en trouver les témoins.

Toutes les pieces saisies chez la femme Leroi prouvent que c'est à Poitiers que Mad[e] de Saint-Vincent a conçu son projet & en a disposé les préparatifs. C'est à Poitiers qu'elle a fabriqué sa prétendue correspondance

Requête.	*Réponses.*
	avec le ſieur *Peixotto*, dont elle a avoué la fauſſete émanée d'elle.
Page 62. M. le Maréchal paie leur logement & leur dépenſe (aux témoins de Poitiers).	Les Dames de la Martiniere & de la Godiniere, & la Demoiſelle Metayer, avoient requis à Poitiers par Huiſſier,

l'avance des frais de leur voyage. M. le Maréchal a la quittance de l'Huiſſier au bas de la ſommation faite à ſon Procureur. Ennuyées apparemment du long ſéjour que les menées de Mad^e de Saint-Vincent leur occaſionnoit à Paris, & du retard de leur taxe qu'il eſt d'uſage au Châtelet de ne donner que le jour de la confrontation, elles préſenterent Requête au Lieutenant Particulier, pour l'obtenir ſur l'expoſé de leur dépenſe & de leurs beſoins. Sur ces entrefaites, Madame de Saint-Vincent s'eſt décidée à ſubir ſa confrontation, & ces trois perſonnes ont obtenu un exécutoire contre M. le Maréchal. Voilà comme il a payé leur logement & leur dépenſe.

Page 62. Le ſieur Clermont ſon Secrétaire (de M. le Maréchal) leur rend de fréquentes viſites pour les fortifier dans leur réſolution.	Ces trois femmes avoient été recolées en leurs dépoſitions à Poitiers. Ainſi l'on voit ſi M. le Maréchal avoit intérêt de les pratiquer à Paris.

Réponses.

Personne de sa part ne les y a vues, quoiqu'aucune loi écrite ne l'eût interdit. Mais ayant affaire à Madame de Saint-Vincent, il a voulu lui ôter tout prétexte de suspicion.

Cette Dame ennuyée de ce que l'espionage qu'elle avoit établi autour de ces trois femmes ne lui produisoit rien, a eu recours à un stratagême odieux développé dans les confrontations.

Un savoyard a apporté une carte à l'hôtel de Richelieu par laquelle *le sieur Marion ou, en son absence, le sieur Clermont étoient instamment priés de passer dans la journée chez les Dames de la Martiniere & de la Godiniere pour affaires importantes. Leur adresse étoit sur la carte.*

Le sieur Marion n'étant point chez lui, le sieur Clermont qui ne se mêle nullement des affaires de M. le Maréchal, crut nécessaire de substituer le premier. Il alla chez ces Dames. Leur surprise fut extrême à la vue de la carte qu'il leur présenta. Accoutumées aux pieges & à l'espionage dont Madame de Saint Vincent les assailloit depuis leur séjour à Paris, elles reçurent le sieur Clermont comme un espion lui-même, & ne le firent seulement pas asseoir. Elles crurent reconnoître sur la carte l'écriture de la femme de chambre de Madame de Saint-Vincent.

On a sçu depuis qu'elle s'étoit fort réjoui dans sa prison, d'avoir fait donner le sieur Clermont dans ce piége.

Voilà où ſe réduiſent ces viſites dont on oſe faire tant de bruit. Qu'on juge après cela de la confiance due aux aſſertions de Madame de Saint-Vincent.

Page 62. Le haſard a fait arriver au même hôtel (celui de Château-Vieux) un homme de qualité de la connoiſſance de la Suppliante; il ignoroit que les témoins ſéduits fuſſent logés à ſes côtés. Les eſpions de M. le Maréchal en ayant conçu de l'inquiétude, M. le Maréchal le dénonça au Tribunal de MM. les Maréchaux de France. Auſſi-tôt il reçut par un Archer de la Connétablie ordre d'y venir rendre compte de ſa conduite.

Il n'y a que Madame de Saint-Vincent qui puiſſe haſarder un fait de cette nature, & attaquer auſſi hardiment un Tribunal auſſi auguſte.

M. le Maréchal défie cet homme de qualité de ſe nommer, ainſi que cet autre homme d'honneur à qui, dit-on, il a été offert de l'or pour faire une fauſſe dépoſition contre Madame de Saint-Vincent.

M. le Maréchal n'a jamais ſçu où les témoins de Poitiers étoient logés en cette ville.

Page 100. La lettre que l'on ſuppoſe que la Suppliante a écrite ſous le nom de la Prieure de

Madame de Saint-Vincent n'oſe pas nier que *cette lettre ait jamais exiſté.* Nerbonneau aura

Sainte

Requête.	*Réponses.*
Sainte Catherine au ſieur Nerboneau, & dont les témoins ſubornés de Poitiers ont parlé, *n'exiſte pas.* Nerboneau n'a pu la repréſenter. Il a ſeulement joint à ſa dépoſition un billet de la date duquel cette fille étoit maîtreſſe.	expliqué dans ſes dépoſition & confrontation, comment elle eſt ſortie de ſes mains. On obſervera ſeulement que la Demoiſelle du Sablé étoit retirée de Poitiers long-tems avant qu'il fût queſtion de l'information qu'y a fait faire M. le Maréchal. Cet événe-

ment qui l'a privé de ſa dépoſition, écarte le ſoupçon élevé ſur le billet joint par Nerbonneau, qui d'ailleurs eſt un Négociant riche & généralement eſtimé a Poitiers, & incapable de la manœuvre qu'on lui prête, autant qu'il eſt au-deſſus des cent louis que Madame de Saint-Vincent avance ailleurs qu'il a reçus de M. le Maréchal pour prix de ſa dépoſition. On la défie de donner, non-ſeulement la moindre preuve, mais même le plus léger indice de cette ſubornation. Mais après tant de fauſſetés imaginées pour le beſoin de ſa Cauſe, celle-ci n'a dû lui rien coûter.

Le ſieur Nerbonneau avoit pris à Poitiers la même voie que les autres témoins pour ſe faire avancer les frais de ſon voyage, & il a pris taxe au Châtelet pour le furplus de fa dépenfe, fuivant les reglemens.

Madame de Saint-Vincent feroit plus circonfpecte à attaquer tant d'honnêtes gens, fi elle ne s'étoit réduite à un état où elle n'a plus rien à perdre.

M. le Maréchal ne reprendra point ici les conclufions qui terminent la Requête volumineufe de Madame de Saint-Vincent ; celles qu'il a prifes en la Cour lui fuffifent. Après la folidité avec laquelle il a établi fes moyens & la légitimité de fon accufation, il fe bornera à une réflexion fur les cent mille écus de dommages-intérêts auxquels Madame de Saint-Vincent conclud contre lui par provifion, *fauf à lui à réitérer & pourfuivre fa plainte en faux principal.*

Madame de Saint-Vincent s'eft accoutumée à la prétention de cette fomme de cent mille écus. Elle a voulu la tirer du fieur Peixotto par fa fauffe acceptation, enfuite de M. le Maréchal par fa fauffe fignature. Ne pouvant réuffir par l'une de ces deux voies, elle veut que fon procès la lui procure, quel qu'en foit l'évenement. Affurément de toutes les fpéculations que la cupidité peut imaginer, on ne foupçonneroit pas que celle-ci pût la fixer.

Les Défenfeurs de cette Dame ont oublié que

dans un de leurs imprimés, voulant établir que M. le Maréchal devoit être tenu de tous les évenemens de cette affaire, même en cas que la preuve du faux fût acquise, par la raison qu'il avoit brisé les fers qui retenoient Madame de Saint-Vincent à Milhaud, ils ont établi ce systême singulier sur l'autorité de la Loi des Douze-Tables, *Si quadrupes*. Or, il est certain que d'après cette Loi, en accueillant son application dans l'espece, ce seroit tout au plus les Porteurs des faux billets qui seroient fondés à en demander le paiement à M. le Maréchal, parce que cette loi ne donne de dommages intérêts qu'à celui qui a reçu le dommage & non au *quadrupes* qui l'a causé.

Il y a apparence que si Madame de Saint-Vincent s'étoit fait traduire cette Loi des Douze-Tables, & le commentaire qu'en fait Justinien dans ses Institutes, elle auroit dispensé ses Défenseurs de rendre avec tant de naïveté l'idée qu'ils se sont formée du caractere de leur Cliente. C'est ainsi que s'exprime Justinien, in Institut. Lib. 4. Tit. 9. *Si quadrupes pauperiem fecisse dicatur.* Ex lib. XII. Tab. *animalium nomine, quæ ratione carent, si quâ lasciviâ, aut pavore, aut feritate pauperiem fecerint, noxalis actio, lege* 12 *Tab. prodita est, quæ animalia si noxæ dedantur, proficiunt reo ad liberationem.*

Si les Défenſeurs même de Madame de Saint-Vincent lui appliquent une pareille Loi, quelle doit être la ſécurité de ſon Accuſateur !

Signé, le Maréchal DUC DE RICHELIEU.

Me DESPREZ, Procureur.

RÉFLEXIONS

SUR LA PLAINTE

EN SUBORNATION DE TÉMOINS,

Hasardée par Madame DE SAINT-VINCENT.

LA Cour est saisie de quatre chefs de demandes formées par Madame de Saint-Vincent. M. le Maréchal a conclu par Requête sur celles qui lui ont été signifiées. Par divers Mémoires il a démontré, 1°. la futilité des moyens de nullités proposés par Madame de Saint-Vincent; 2°. qu'elle n'est point recevable dans sa dénonciation de rapt, par laquelle elle s'est déshonorée gratuitement, & que le Ministere public n'étoit pas plus recevable à accueillir cette dénonciation. 3°. Sur la demande à fin d'élargissement provisoire, il s'est référé aux principes & à la Jurisprudence recueillis dans le Commentaire de Jousse sur l'Ordonnance criminelle. Ce Jurisconsulte établit (1) que, « dans les délits graves on ne doit jamais élargir

(1) Part. 3, liv. 2, tit. 25, art. 2, n. 105 & 107.

» l'Accusé par provision, pour peu qu'il y ait de » preuves..... que lorsqu'il y a réglement à l'ex» traordinaire, on ne peut accorder la liberté par » provision à un Accusé décrété originairement de » prise de corps..... Et enfin que si le crime est pu» blic & qu'il y ait quelques présomptions contre » l'Accusé, il faut nécessairement le laisser en pri» son pendant tout le cours de l'instruction du pro» cès (1) ».

Tous ces principes résultent de l'article 12 du titre 15 de l'Ordonnance de 1670, qui porte que « les Accusés décrétés originairement de prise de » corps seront en prison pendant la confrontation ».

Il ne reste donc des quatre demandes de Madame de Saint-Vincent, que celle qui tend à prouver la subornation de témoins.

Prétendra-t-elle que la question de savoir si sa plainte à cet égard forme une exception péremptoire, doit suspendre le Jugement du procès, & être renvoyée à l'Audience ? C'est une illusion qu'il est bien facile de dissiper dans la forme & au fond.

1°. Dans la forme tout a changé de face. Il n'est plus question de statuer sur l'appel interjetté par Madame de Saint-Vincent de la Sentence du Châtelet qui a joint au fond du procès sa plainte en subornation. L'Arrêt de la Tournelle qui avoit reçu cet appel est annullé. L'Arrêt rendu le 17 Mars, les Chambres assemblées, les Princes & Pairs séans, a

(1) Partie 3, Liv. 2, tit. 25, art. 2, n. 105 & 107; & Tom. 4, pag. 353, n. 51.

évoqué tout le Procès ; depuis, la Sentence de jonction rendue au Châtelet a été privativement annullée. Il ne s'agit donc plus de discuter le mérite de cette Sentence qui n'existe plus. Conséquemment il n'y a plus d'application possible de l'article 11 du titre 26 de l'Ordonnance de 1670, par lequel il est enjoint de porter à l'Audience toutes les appellations des instructions criminelles.

La Cour est saisie directement & comme en premiere Instance de cette plainte en subornation. Le Ministere public doit donner de nouvelles conclusions sur lesquelles la Cour statuera sur l'admission ou réjection de cette plainte, ou sur sa jonction au fond du procès. C'est une premiere instruction dont la publicité n'est pas plus admissible que sur toutes autres instructions criminelles. Le renvoi à l'Audience qui ne feroit que retarder le Jugement, ne peut donc plus avoir lieu dans l'état actuel des choses, & seroit contraire aux dispositions de l'Ordonnance de 1670, relativement aux procès réglés à l'extraordinaire.

2°. Au fond il n'est pas difficile de démontrer que dans l'espece la plainte en subornation de témoins hasardée par Madame de Saint-Vincent, n'est qu'un fait justificatif, *dont la preuve*, aux termes de l'article premier du titre 28 de l'Ordonnance de 1670, *ne peut être ordonnée qu'après la visite du procès.*

On doit distinguer entre les différentes défenses qu'un Accusé peut employer, deux sortes d'exceptions : les premieres qu'on appelle péremptoires, & qui tendent à anéantir le corps même du délit, & par conséquent toute action ; & les autres qui, en laissant subsister le corps du délit & conséquemment l'action, tendent seulement à opérer la décharge de l'Accusé, ou à diminuer son délit.

Lorsque l'exception est péremptoire, elle suspend & arrête toute la procédure criminelle ; elle doit nécessairement avoir le pas sur l'instruction du délit qui a donné lieu à la plainte, parce qu'il seroit aussi contraire à la raison qu'à la loi d'instruire une accusation sans crime. Mais lorsque le délit étant certain, l'exception que l'Accusé oppose n'a pour objet que de prouver son innocence, ou d'atténuer son crime, la question de savoir si cette exception sera admise ou rejettée, ne se peut juger, suivant l'Ordonnance de 1670 (titre 28, article premier), *qu'après la visite du procès.*

On peut éclaircir ces vérités par des exemples. Un homme a disparu ; le bruit public est qu'il a été tué ; les soupçons tombent sur Titius : on l'arrête, & on informe contre lui. Dans le cours du procès, le prétendu mort vient à paroître : nul doute que sa représentation ne soit en faveur de l'Accusé une exception péremptoire, qui anéantit le corps du délit, & par conséquent l'action.

Mais supposons qu'un homme ait été tué, & que le corps du délit soit constant. On accuse Pierre d'être l'Auteur de ce meurtre, & il existe des charges contre lui. Pierre demande à prouver un *alibi*, ou d'autres faits propres à justifier qu'il n'est pas coupable du crime. Voilà une exception proposée pour

la

la justification de Pierre, & qui par conséquent ne doit être jugée, suivant la regle invariable établie par l'Ordonnance, *qu'après la visite du procès.*

Personne n'ignore quels sont les motifs de cette disposition de la Loi. 1°. Il ne faut pas que l'instruction des procès criminels soit retardée par celle des faits justificatifs; leur admission prématurée seroit un obstacle à la prompte punition des crimes, & pourroit même entraîner la perte des preuves du délit.

2°. Le vœu du Législateur a été que les Juges n'ordonnassent pas une preuve inutile. Or, cela arriveroit toutes les fois que la preuve qui résulte de la procédure ne seroit pas suffisante pour prononcer une condamnation, ou lorsque cette preuve seroit si concluante, qu'elle ne pourroit être détruite par une preuve contraire, ni par une allégation frivole de faits justificatifs (1).

D'après ces réflexions, il est sensible que la question de savoir si la plainte en subornation forme une exception péremptoire, est subordonnée à une autre question, qui consiste à examiner si cette plainte en subornation tend à détruire le corps même du délit: car ce n'est que dans ce cas que la défense de l'Accusé peut être qualifiée d'exception péremptoire. Il faut observer que le cas le plus ordinaire, le plus fréquent en matiere criminelle, est que le corps du délit,

(1) *Voy.* le nouveau Commentaire de l'Ordonnance de 1670, tit. 28, art. 1. *Voy.* aussi Mc Jousse, Traité de la Justice criminelle, tom. 1, pag. 615 & suivantes, & le Plaidoyer de M. d'Aguesseau dans la Cause de la Pivardiere, pag. 442 & 445.

& sa perpétration par l'Accusé, se trouvent uniquement constatés par la preuve testimoniale. C'est cette considération qui a déterminé quelques Auteurs à dire que la plainte en subornation ayant pour but d'anéantir le corps du délit, puisqu'elle doit détruire la preuve unique qui en est la base, est dans la classe des exceptions péremptoires, & qu'une demande à fin de preuve de subornation ne doit pas être jointe au fond comme fait justificatif.

Mais, pour adopter une pareille décision, il faut nécessairement que ces deux circonstances concourent; la premiere, que les dépositions des témoins forment la seule preuve du délit: la seconde, que la subornation articulée frappe sur tous les témoins entendus. Si ces deux circonstances ne concourent pas, c'est-à-dire, si le délit est constaté par une autre preuve que celle qui résulte des dépositions des témoins, ou même, si la plainte en subornation n'est dirigée que contre quelques témoins, ensorte que la preuve subsiste & soit acquise par le témoignage des autres non compris dans la plainte, il est incontestable que la plainte en subornation n'est ni ne peut être une exception péremptoire.

Ces maximes sont confirmées par l'examen de la Jurisprudence. D'un côté, il n'y a point d'Arrêt qui ait jugé que la plainte en subornation doive être mise dans la classe des exceptions péremptoires: d'un autre, un Arrêt précis a jugé le contraire. Pour prouver que la plainte en subornation forme une exception péremptoire, on cite deux Arrêts rapportés dans le Journal des Audiences, l'un du 6 Avril 1675, l'autre du 18 Mars 1712. Mais les Auteurs qui les rapportent & qui les donnent pour fondement à leur opinion, ont été induits dans un erreur manifeste. L'Arrêt du 5 Avril 1675 « a fait défenses aux Lieu- » tenans Criminels de l'ancien & nouveau Châtelet, » d'arrêter les témoins après le récolement & la » confrontation, si ce n'est qu'il y eût des variations » essentielles dans les principales circonstances de » leur déposition, récolement & confrontation ». On sent combien une pareille décision est étrangere à la question de savoir si la plainte en subornation est ou n'est pas une exception péremptoire. A l'égard de l'Arrêt du 18 Mars 1712, il paroît avoir jugé que lorsqu'il y a retractation de témoignage, & plainte de subornation, il faut en informer & non pas joindre la plainte au fond. Mais il y a une circonstance essentielle que l'Arrêtiste n'explique pas, & qui fait évanouir toutes les conséquences qu'on voudroit tirer de cet Arrêt. C'est que dans cette espece, l'Accusateur instruit des manœuvres pratiquées pour déterminer quatre témoins à se rétracter, avoit demandé la permission d'informer. Ce ne pouvoit être alors le cas de joindre la Requête au fond, puisque l'information du délit de subornation faisoit une partie nécessaire de l'instruction. Il est donc vrai qu'on ne rapporte point d'Arrêt qui ait jugé que les plaintes en subornation doivent être mises au rang des exceptions péremptoires.

Mais on ajoute que le contraire a été décidé le plus

positivement par un Arrêt du 7 Septembre 1726 (1). La Cour décida que la plainte en subornation ne devoit point arrêter le cours de l'instruction, dans une espece où la subornation n'étoit articulée que contre *quelques témoins*, & où il *existoit d'ailleurs un grand nombre d'autres témoignages* qui formoient la preuve (2). Concluons donc de cet Arrêt & des réflexions proposées ci-dessus, que toutes les fois que la plainte en subornation ne tend pas à l'anéantissement du délit & de l'action, (ce qui a lieu lorsque le crime est constaté par des preuves indépendantes de la preuve testimoniale, ou lorsque la subornation ne tombe pas sur tous les témoins), elle ne peut être envisagée comme une exception péremptoire : ce principe est décisif dans l'espece présente.

1°. Le crime de faux est prouvé par lui-même & physiquement : or, ce genre de preuve est indépendant des dépositions des témoins. M. le Maréchal de Richelieu ne peut à cet égard que renvoyer à son Mémoire (3), où il est établi que le faux, tant des billets, que des lettres, est si frappant, que les yeux les moins pénétrans & les moins expérimentés le peuvent saisir. 2°. La perpétration du crime de faux est établie contre Madame de Saint-Vincent, par une foule de preuves étrangeres aux dépositions des témoins. Ces preuves, que les bornes du présent écrit

---

(1) Il est cité par Me. Jousse, Traité de la Justice criminelle, tom. 1, pag. 617, n. 13.

(2) *Voyez* les Causes célebres, deuxieme édition, tom. 9, pag. 406.

(3) Pag. 92 & suivantes.

ne permettent pas de retracer, ont encore été developpées dans le Mémoire de M. le Maréchal de Richelieu (1). Les interrogatoires de Madame de Saint-Vincent, ses propres lettres, les contradictions, les absurdités, les faussetés palpables qui se rencontrent dans sa défense, donnent, s'il est possible, un nouveau dégré de force aux preuves phisiques, & operent sa conviction.

3°. Une derniere réflexion qu'on ne croit pas susceptible de réplique, c'est qu'il n'y a pas un seul des prétendus faits de subornation articulés par Mad. de Saint-Vincent dans sa Requête, qui n'ait été proposé de sa part lors des confrontations, & sur lequel les témoins ne se soient expliqués. De-là naît la conséquence certaine, que c'est en procédant à l'examen & à la visite du procès, que la Cour pourra apprécier le mérite de ces faits, & des réponses qui leur ont été faites. La plainte en subornation ne peut donc jamais être un prétexte de suspendre l'examen du fond du procès, puisque c'est dans le procès même qu'on trouvera la discussion des prétendus faits de subornation, discussion respectivement faite par l'Accusé qui a opposé ces mêmes faits comme reproches, & par les témoins. Il est évident que Madame de Saint-Vincent tend un piége à la Justice, lorsqu'elle propose de séparer l'admission de ses faits de subornation, de l'examen des réponses déja faites par les témoins à ces mêmes faits que Madame de Saint-Vincent a allégués comme reproches.

(1) Pag. 108 & suivantes.

Ce n'eſt donc qu'après la perfection de l'inſtruction & la viſite du procès que la Cour peut s'occuper de la plainte en ſubornation dont il s'agit. Alors la futilité des moyens qui y ſont employés, la preuve de leur fauſſeté & le défaut d'intérêt chez M. le Maréchal pour tenter cette ſubornation, en feront sûrement rejetter la preuve inutile au procès, & outrageante pour la Partie civile. *Signé* le Maréchal DUC DE RICHELIEU.

Me DESPREZ, Procureur

De l'Imprimerie de L. CELLOT, rue Dauphine, 1775.

www.ingramcontent.com/pod-product-compliance
Lightning Source LLC
LaVergne TN
LVHW022318170726
843503LV00006B/2578

* 9 7 8 2 3 2 9 6 8 3 8 3 6 *